Dieses Buch gehört

Liebe Eltern,

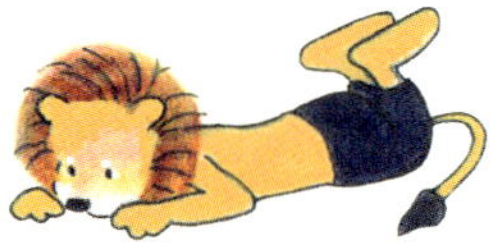

wir wollen Ihr Kind beim Lesenlernen unterstützen, und zwar mit Geschichten, die Spaß machen.

Unsere Bücher mit dem liebenswerten Leselöwen begleiten Ihr Kind durch die 1. Klasse. Sie enthalten eine spannende Geschichte mit einfachen Sätzen und gut lesbarer Schrift. Viele bunte Bilder sorgen für Lesepausen und helfen, die Geschichte zu verstehen. Mit den Aufgaben zum Text kann Ihr Kind selbst prüfen, ob es den Text richtig verstanden hat. Zu den markierten Wörtern warten am Ende des Buches spannende Fakten und in unserem Onlineportal finden Sie viele weitere Extras!

So wird Ihr Sohn oder Ihre Tochter zum echten Leselöwen!

Ihr

Leselöwe!

Leselöwen

ANNA TAUBE

DAS FUSSBALLSPIEL DES JAHRES

ILLUSTRIERT VON RAIMUND FREY

Loewe

Ihre Meinung zählt!

Nehmen Sie jetzt an einer kurzen Elternbefragung des Loewe Verlags teil und beeinflussen Sie die zukünftige Entwicklung unserer Kinderbücher:

www.elternbefragung.online

Unser Kinderbuch-Newsletter bietet alle Infos zu Neuerscheinungen und tollen Veranstaltungen, exklusive Gewinnspiele und vieles mehr!

Jetzt kostenlos abonnieren: *www.loewe-verlag.de*

FSC
www.fsc.org
MIX
Papier | Fördert gute Waldnutzung
FSC® C109273

ISBN 978-3-7432-0419-5
3. Auflage 2024

Umschlag- und Innenillustrationen: Raimund Frey
Umschlaggestaltung: Michael Dietrich
Vignetten Leselöwe: Angelika Stubner
Printed in the EU

www.leseloewen.de

INHALT

BOLZPLATZ IN GEFAHR 8
ERSTE HALBZEIT 16
ZWEITE HALBZEIT 28

BOLZPLATZ IN GEFAHR

LUIS RENNT ZUM **BOLZPLATZ**.
MIT PAUL, INGA, LEA, MURAD
UND MAX SPIELT ER DA
IMMER FUSSBALL.

AUSSER ES REGNET.

DANN GIBT ES NUR MATSCH.

LUIS LIEBT DEN PLATZ TROTZDEM.

ES GIBT JA KEINEN ANDEREN.

ABER HEUTE SPIELT KEINER.
DIE FREUNDE STEHEN VOR
EINEM RIESIGEN SCHILD.

„HIER ENTSTEHT EIN EINKAUFSZENTRUM“, SAGT MURAD. „DIE WOLLEN UNSEREN PLATZ KAPUTT MACHEN!“, RUFT LEA.

INGA HAT EINE IDEE:
„WIR SCHREIBEN EINEN BRIEF
AN DIE BÜRGERMEISTERIN!"

„WIR FORDERN SIE ZU EINEM
DUELL HERAUS“, RUFT LUIS.
„DAMIT SIE SIEHT,
WIE TOLL FUSSBALL IST!“

INGA SCHREIBT GLEICH LOS.
ABER PAUL SAGT LEISE:
„ICH MACH NICHT MIT.
MEIN VATER BAUT DAS DING.“

LUIS STARRT PAUL ENTSETZT AN.
ER IST SEIN BESTER FREUND.
UND IHR BESTER **STÜRMER**.
MAX BRÜLLT: „HAU DOCH AB!“

ERSTE HALBZEIT

BÜRGERMEISTERIN MAIER
HAT JA GESAGT.
SIE SPIELT UM DEN PLATZ!
MIT IHRER MANNSCHAFT:

HERR LORENZ VON DER BANK,
SEKRETÄRIN FRAU SOMMER,
STADTRAT MÜLLER IM TOR.
UND JONAS HERDER – PAULS PAPA!

INGAS MAMA PIA
IST DIE SCHIEDSRICHTERIN.
SIE HEBT DIE TRILLERPFEIFE
ZUM MUND: ANPFIFF!

LUIS RENNT VOR.
ER HOLT SICH DEN BALL
UND FLANKT AUF MAX.

MAX VERFEHLT DEN PASS!

ER IST KEIN GUTER STÜRMER.

NICHT WIE PAUL.

JONAS HERDER KICKT DEN BALL ...

... DIREKT INS TOR.
SO SCHNELL – MURAD KANN
IHN NICHT HALTEN.
1: 0 FÜR DIE ERWACHSENEN.

LEA HAT JETZT DEN BALL
UND RENNT AUF DAS TOR ZU.
„SCHIESS!“, SCHREIT LUIS.
ABER LORENZ GEHT DAZWISCHEN.

ER KICKT DEN BALL ZU HERDER. PAULS PAPA VERWANDELT. TOR! LUIS STÖHNT. 2:0! OHNE PAUL KÖNNEN SIE NICHT GEWINNEN.

PLÖTZLICH PFEIFT SCHIRI PIA.
WAS IST LOS?
„AUSWECHSLUNG!“, RUFT SIE.

PAUL RENNT AUFS SPIELFELD!
ER ZWINKERT LUIS ZU.
„WIR MÜSSEN DOCH
UNSEREN PLATZ RETTEN“, SAGT ER.

GESCHICKT SCHIESST PAUL
DURCH LORENZ UND FRAU MAIER
ZU LEA. LEA FLANKT AUF LUIS.
LUIS ZIELT. TOR! 2 : 1!

FRAU SOMMER WIRFT EIN.
PAUL IST SCHNELLER ALS LORENZ.
TORWART MÜLLER HÄLT NICHT.
GLEICHSTAND ZUR HALBZEITPAUSE!

ZWEITE HALBZEIT

DIE MANNSCHAFTEN STEHEN
SICH GEGENÜBER.
„JETZT HOLEN WIR SIE UNS“,
FLÜSTERT PAUL. ANPFIFF!

LUIS RENNT ZUM BALL.
ABER LORENZ GRÄTSCHT
FIES DAZWISCHEN. LUIS FÄLLT!
„**FOUL!**“, SCHREIT SCHIRI PIA.

ROTE KARTE FÜR LORENZ!
WÜTEND GEHT ER VOM PLATZ.
MURAD HILFT LUIS HOCH.
„GEHT'S?", FRAGT ER.

SEIN KNIE BRENNT.
ABER DAS IST LUIS EGAL.
SIE SIND FÜNF,
DIE ERWACHSENEN NUR VIER!

DIE ERWACHSENEN WEHREN
JEDEN ANGRIFF AB!
VERBISSEN KÄMPFT JONAS HERDER
GEGEN PAUL UM DEN BALL.

NUR NOCH ZWEI MINUTEN!

DA, EINE LÜCKE!

PAUL SCHIESST ZU LUIS.

LUIS PASST ZU LEA.

„TOR! TOR! TOR!“, JUBELT INGA.
ALLE UMARMEN LEA.
DA PFEIFT SCHIRI PIA AB.
DIE KINDER HABEN GEWONNEN!

FRAU MAIER GRATULIERT LUIS.
UND HERDER GRATULIERT PAUL.
„JETZT BAUST DU HIER NICHTS“,
SAGT PAUL UND GRINST.

„ICH MUSS“, SAGT SEIN PAPA.
„AUFTRAG IST AUFTRAG, PAUL.
ES TUT MIR LEID.“

„ABER WIR MÜSSEN NICHT“,
SAGT DIE BÜRGERMEISTERIN.
„DER STADTRAT KANN DEN
AUFTRAG ÄNDERN, NICHT WAHR?“

HERR MÜLLER NICKT UND SAGT:
„WIR BAUEN EINEN FUSSBALLPLATZ.
FÜR ALLE KINDER DES VIERTELS.
AUFTRAG ANGENOMMEN, HERDER?“

LUIS PLATZT FAST VOR GLÜCK.
IHR BOLZPLATZ IST GERETTET.
UND WIRD EIN RICHTIGER,
ECHTER FUSSBALLPLATZ!

Fragen und Antworten

1. Wo soll das Einkaufszentrum gebaut werden? Bringe die Buchstaben in die richtige Reihenfolge.

Z A L L B P O T Z

Antwort: Bolzplatz

2. Warum spielt Paul beim Duell zuerst nicht mit? Kreuze an.

- ☐ Weil sein Vater das Einkaufszentrum bauen soll.
- ☐ Weil sein Vater es nicht erlaubt.
- ☐ Weil er nicht gut Fußball spielen kann.

Antwort: Weil sein Vater das Einkaufszentrum bauen soll.

3. Wer bekommt eine Rote Karte? Kreise ein.

Antwort: Herr Lorenz von der Bank.

4. Wie viele Tore schießen die Kinder gegen die Erwachsenen? Kreuze die richtige Antwort an.

- ☐ 8+2=
- ☐ 7-4=
- ☐ 5+3=

Antwort: 7-4=3 Tore

5. Was wird am Ende statt des Einkaufszentrums gebaut? Kreise das Wort in der Buchstabenschlange ein.

S P O R T Z E N T R U M V O L L E Y B A L L F E L D
F U S S B A L L P L A T Z G R U N D S C H U L E

Antwort: Fußballplatz

Schon gewusst?

Bolzplatz (Seite 8):

„Bolzen“ heißt es im Fußball, wenn man hart schießt. Bolzplätze heißen Fußballplätze, die nicht zu Vereinen gehören, auf denen also frei gespielt wird.

Duell (Seite 13):

Das Wort „Duell“ kommt aus dem Lateinischen und bedeutet „Zweikampf“. Anders als beim Turnier treten bei einem Fußball-Duell also nur zwei Mannschaften gegeneinander an.

Stürmer (Seite 15):

Die Aufgabe des Stürmers ist es, nach vorne zu stürmen und Tore zu schießen. Deshalb spielt er meist in der gegnerischen Hälfte des Spielfelds.

Foul (Seite 29):

Wer sich im Sport nicht an die Regeln hält, begeht meist ein Foul. Das kann aus Versehen passieren, wenn man zum Beispiel beim Fußball den Ball mit der Hand berührt. Jemandem ein Bein zu stellen, damit er den Ball nicht bekommt, ist ein absichtliches Foul.

Rote Karte (Seite 30):

Wer ein schweres Foul begeht, bekommt eine Rote Karte. Der Spieler muss den Platz verlassen und darf nicht mehr mitspielen. Bei weniger schweren Fouls gibt es als Verwarnung eine Gelbe Karte.

Blättere schnell um und trage die blauen Buchstaben in der richtigen Reihenfolge in die Kästchen ein!

Anna Taube studierte Literatur an der Universität Hildesheim und arbeitet als freie Autorin und Übersetzerin. Sie wohnt mit ihrer Familie im idyllischen Bad Rodach in Oberfranken.

Raimund Frey, Jahrgang 1982, geboren in Isny im Allgäu, hat schon seit frühester Kindheit mit großer Begeisterung den Malstift geschwungen. In Mainz studierte er bis 2008 Kommunikationsdesign an der FH für Gestaltung. Heute arbeitet er als Freelancer in den Bereichen Buchillustration, Werbeillustrationen, Storyboard- und Konzeptzeichnungen, Comic und Fantasy.

Das Leselöwen-Lösungswort

Besuche den Leselöwen auf
www.leseloewen.de und trage
die farbigen Buchstaben
von den Seiten *Schon gewusst?*
in der richtigen Reihenfolge
in die magische Box ein.

Wenn du das Lösungswort
gefunden hast, kommst du auf
die geheime Seite mit vielen
weiteren Spielen und Rätseln!

Der **Leselöwe** freut sich auf dich!